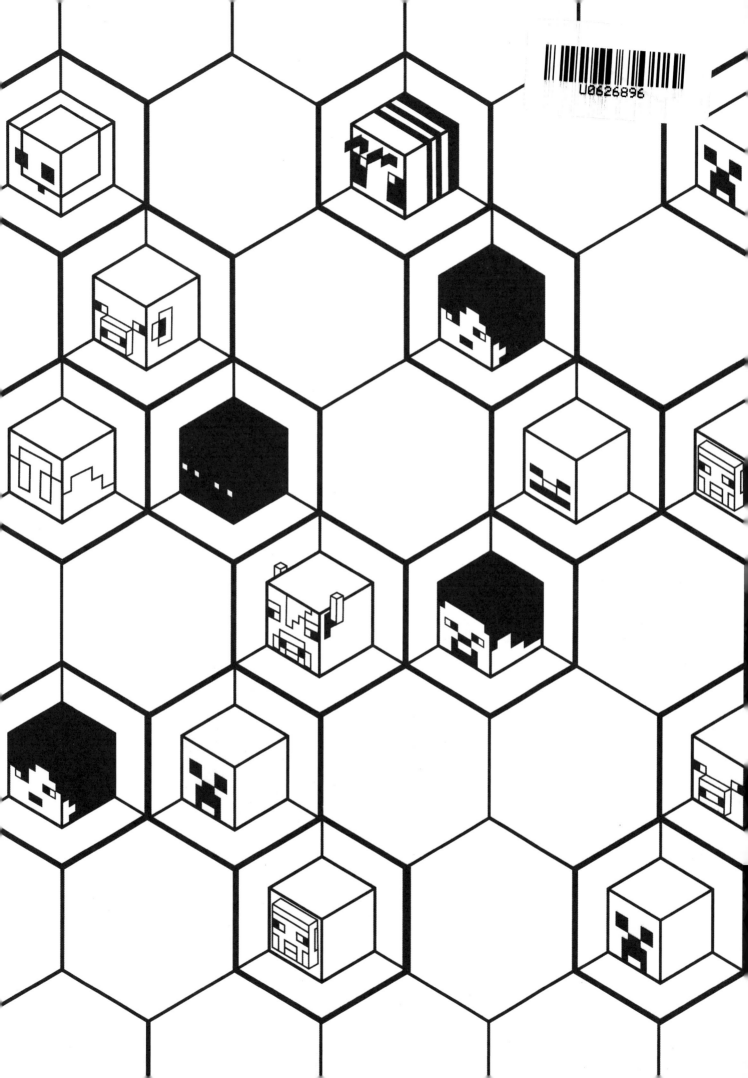

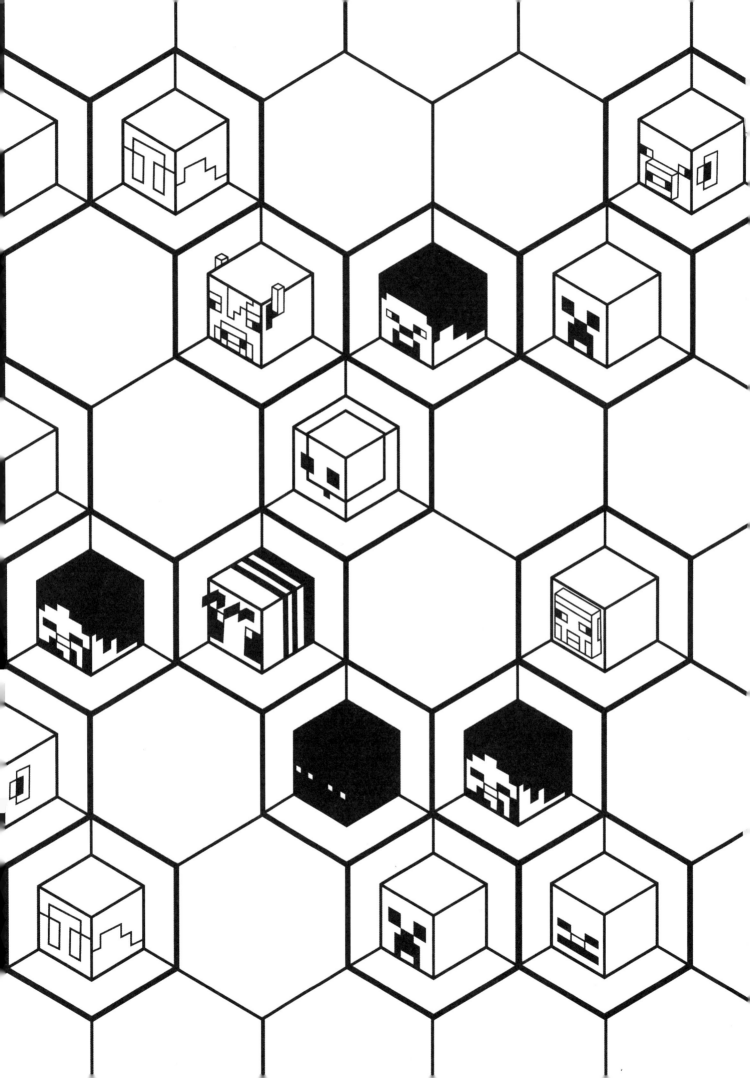

MINECRAFT
我的世界

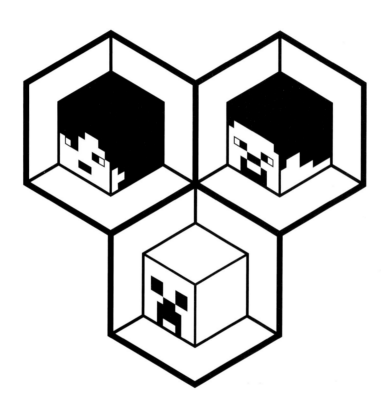

年鉴
2025

童趣出版有限公司编译　人民邮电出版社出版

北　京

官方授权

图书在版编目（CIP）数据

我的世界年鉴. 2025 / 瑞典魔赞公司著 ； 童趣出版
有限公司编译 ； 丁卓祥译. -- 北京 ： 人民邮电出版社，
2025. -- ISBN 978-7-115-67451-7

Ⅰ．G898.2

中国国家版本馆 CIP 数据核字第 20257VB393 号

著作权合同登记号 图字：01-2025-1188

著　　　　：[瑞典]魔赞公司　　　译　　　　：丁卓祥
责任编辑：于鹤云　　　　　　　责任印制：李晓敏
封面设计：段　芳
排版制作：北京天琪创捷文化发展有限公司

编　　译：童趣出版有限公司
出　　版：人民邮电出版社
地　　址：北京市丰台区成寿寺路 11 号邮电出版大厦（100164）
网　　址：www.childrenfun.com.cn

读者热线：010-81054177　　经销电话：010-81054120

印　　刷：北京华联印刷有限公司
开　　本：889×1194　1/16
印　　张：4.25
字　　数：90 千字

版　　次：2025 年 8 月第 1 版　2025 年 10 月第 3 次印刷
书　　号：ISBN 978-7-115-67451-7
定　　价：69.00 元

版权所有，侵权必究。如发现质量问题，请直接联系读者服务部：010-81054177。

目录

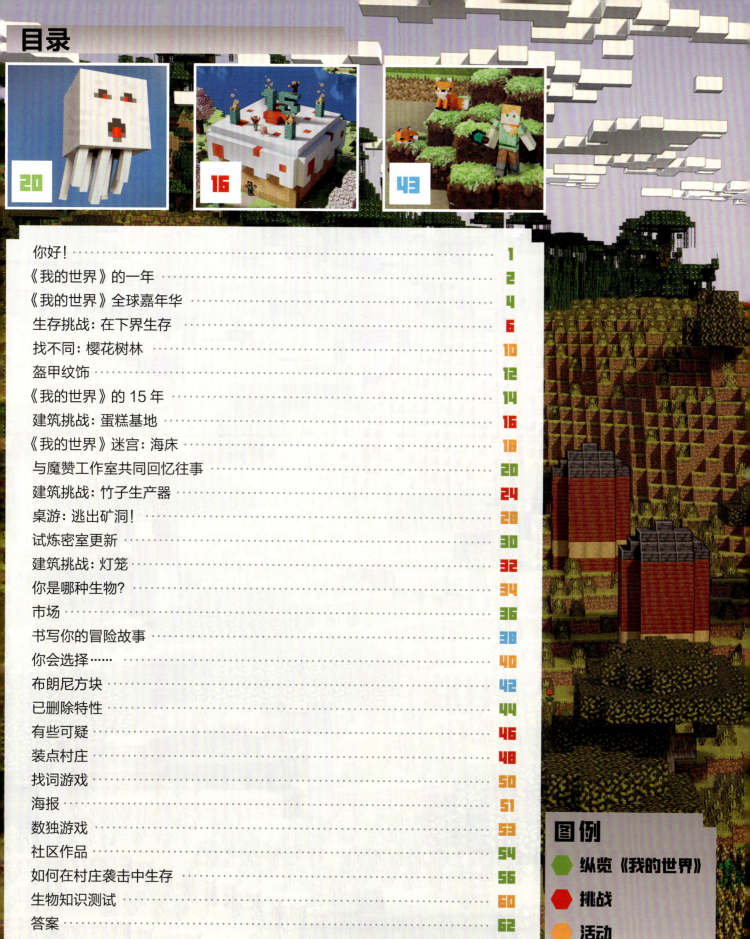

图例

⬡ 纵览《我的世界》

⬡ 挑战

⬡ 活动

⬡ 创造

你好！

欢迎来到《我的世界 年鉴 2025》！对于我们来说，2024 年是意义重大的一年，毕竟《我的世界》已经存在整整 15 年了，因此我们非常高兴能在这里回顾 2024 年发生的一切，希望你也是如此！

和往年一样，2024 年我们也在努力更新《我的世界》，开启了新的挑战，添加了新的方块和生物，让所有人都能乐在其中。这就像呼吸到新鲜空气一样——还是因为刚才有一个旋风人飞过去了？你可得小心这些出没在新的试炼密室中的浓眉大眼、装神弄鬼的家伙，不过如果你能躲过它们狂风般的攻击，破坏不断产出其他敌对生物的刷怪笼，就能得到各种宝藏作为奖励！

如果试炼密室的挑战对于你来说还不够刺激，那么我们将会在本书中展示许多其他挑战，例如：在下界开始新生活，或者收集 16 种盔甲纹饰。我们希望猪灵们会喜欢你的新装扮！如果你更喜欢建筑，那么为我们制作一个 15 周年主题"蛋糕"如何？如果这还不够，那么本书还包含了许多有趣的事情：从游览海底迷宫到测试你最像哪种生物。你问我最像哪种生物？当然是图书管理员村民了！书中甚至还有一个可以供你和朋友们一起玩的桌游，以及一个布朗尼方块的配方。获胜者可以拿到最大的布朗尼方块！

无论你是从一开始就在玩《我的世界》这个游戏，还是从 2024 年才开始玩，我们都很高兴可以在这里和你一起庆祝我们所做过的一切。那我们开始吧！

（本书根据 2024 年 9 月 18 日之前的《我的世界》游戏内容编写。）

杰伊·卡斯泰洛
魔赞工作室

《我的世界》的一年

努尔
带你看世界

我们在《我的世界》中度过了多么不可思议的一年！2024年我们迎来了许多值得深入探索的、激动人心的全新内容。让我们一起回顾2024年，看看这一年中都发生了什么，看看你有没有错过什么吧。

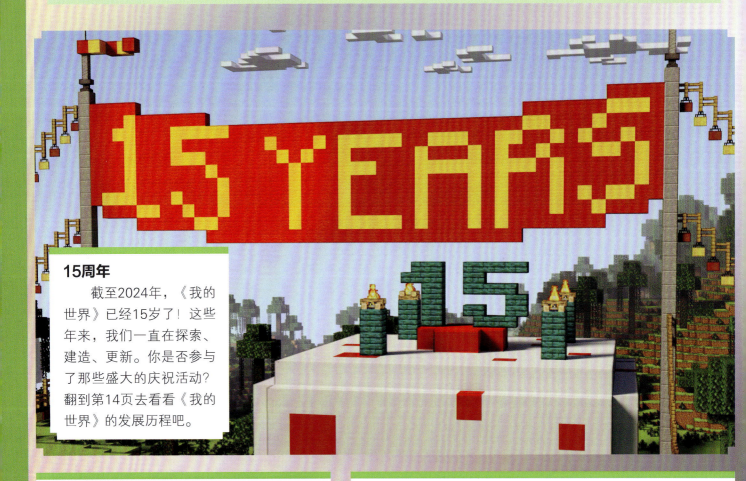

15周年

截至2024年，《我的世界》已经15岁了！这些年来，我们一直在探索、建造、更新。你是否参与了那些盛大的庆祝活动？翻到第14页去看看《我的世界》的发展历程吧。

《我的世界》全球嘉年华

和往年一样，《我的世界》全球嘉年华为大家带来了许多激动人心的新内容。此外，我们看到了社区中的许多优秀作品，还了解了一种新的建筑结构、一种新的敌对生物，以及一些很棒的新方块，其中包括合成器。翻到第4页去深入了解吧。

《我的世界》售出了超过3亿份！

在这15年间，《我的世界》一共售出了超过3亿份——哇！为了庆祝这一盛事，魔赞工作室分享了一些有趣的统计数据：平均每天约有1500万只骷髅产生，70万个蛋糕被制作出来，880万把镐被合成，40万只狼被驯服，670万颗钻石被发掘，玩家骑着猪前进915公里，而苦力怕露出笑容的次数则是0次。可怜的苦力怕们——也许我们应该把那些蛋糕分给它们一些！

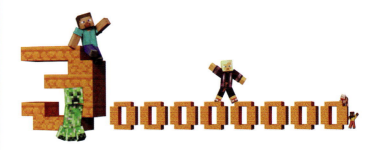

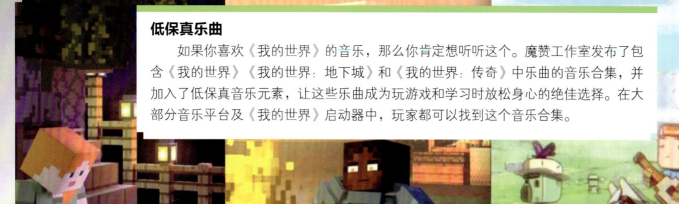

低保真乐曲

如果你喜欢《我的世界》的音乐，那么你肯定想听听这个。魔赞工作室发布了包含《我的世界》《我的世界：地下城》和《我的世界：传奇》中乐曲的音乐合集，并加入了低保真音乐元素，让这些乐曲成为玩游戏和学习时放松身心的绝佳选择。在大部分音乐平台及《我的世界》启动器中，玩家都可以找到这个音乐合集。

附魔书

通过和村民交易可以获得不同类型的附魔书，这由村民来自哪个生物群系决定。因此，如果你在寻找某种特定的附魔书，就要找到那位正确的村民，并和他交易。

呆萌可爱的嗅探兽

玩家们在这一年中首次感受到了孵化自己的嗅探兽的乐趣。这种笨手笨脚的生物十分可爱，还会找到埋藏在地下的种子。它们发现种子之后，便会趴到地上，伸开腿，用鼻子开始挖掘。你成功孵化出一只嗅探兽了吗？

试炼密室更新

最近的更新为游戏加入了激动人心的冒险项目，其中包括新的试炼密室。新的试炼密室和你在游戏中见到的其他建筑结构不同，在这里你可以发现许多新的方块、生物和试炼。你已经探索过这个地方了吗？翻到第30页看看这次更新还加入了什么其他内容吧。

储物饰纹陶罐

现在饰纹陶罐已经不仅仅是漂亮的装饰品了——你可以在里面藏东西！每个饰纹陶罐可以储存64个相同种类的物品。

《我的世界》全球嘉年华

努尔
带你看世界

《我的世界》全球嘉年华是《我的世界》玩家们每年最期待的活动之一，这是一场年度社区盛会，在这里有机会了解即将推出的新内容。当然，别忘记还有生物投票！你在2024年看到这个活动了吗？如果你没有看到也不用担心，让我们帮你赶上进度吧。

试炼更新

对于下次更新中即将到来的激动人心的内容，魔赞只透露了一部分线索。不过，在看到试炼密室、试炼刷怪笼、新的敌对生物旋风人，以及新的方块和合成器之后，可以肯定地说，他们分享的内容足以让所有人对下次更新充满期待。

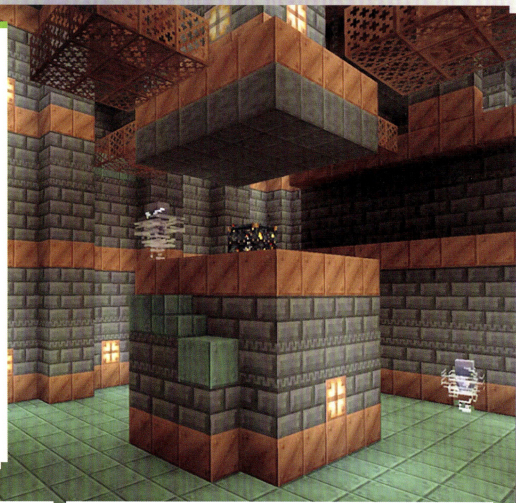

犰狳资料档案

和往年一样，2024年也有3种新奇的生物供选择：螃蟹、企鹅或犰狳。在投票结束后，犰狳获得了胜利！这里展示了所有你需要知道的，关于这种即将加入主世界的可爱新生物的信息！

找到了两只犰狳？只要喂给它们蜘蛛眼，它们就能繁殖出一只幼年犰狳。真可爱！

你的背包里装着蜘蛛眼吗？只要把它们拿出来，附近的犰狳就会跟着你。

生物说明

行为：这种友好生物在受伤时会蜷缩成一团来保护自己，让自己少受伤害。蜘蛛们会躲避它，因此在太阳落山后，把它带在身边很有用！

掉落物：这种生物会掉落犰狳鳞甲，但没必要为此伤害这个小家伙——只要用刷子刷它一下，或者花点儿时间等待，它就会掉落一块犰狳鳞甲，然后开心地走开！

你也可以通过给幼年犰狳喂食蜘蛛眼的方式加快它的生长速度。总之，如果你喜欢犰狳，就去收集些蜘蛛眼吧！

栖息地

犰狳在热带草原生物群系中最常见，它们会三三两两地生成。不过，如果你足够幸运，那么在恶地生物群系中也能找到一两只！

犰狳鳞甲可以被制成盔甲来保护你可靠的宠物狼！制作盔甲需要6块犰狳鳞甲。

生存挑战：在下界生存

桑尼
的生存指南

啊，下界！下界是可怕生物的家园，满是凶险的悬崖和熔岩湖。别被食物的匮乏和那些凶残的邻居吓退了——在这里，你可以找到许多本地的宝藏，装满你的基地。所以整理好背包，一起踏上去往下界的全新冒险旅途吧！

1 需要准备的物品

如果你足够努力，那么你可以在下界找到你所需的大部分物品，但是在找到这些物品之前想生存下去十分困难，因此最好提前收拾行囊。记得空出几格空间，来存放那些你会找到的奇珍异宝。要带上这些：木头、食物、武器、鞍、漏斗和钓鱼竿，还要记得装备至少一件金质盔甲。

2 第一要务

在到达下界之后，你要马上观察一下周围的环境。你在哪个生物群系？离悬崖或熔岩湖有多远？有没有什么生物马上要攻击你？如果你很幸运，所处的地方也比较安全，那么抓紧时间在周围寻找尽可能多的金矿，获得金锭。之后在和猪灵交易，获取奇特物品时，金锭能发挥巨大的价值。

3 地面是熔岩

在下界中，熔岩湖遍地可见，而且有时你并不能绕过它们或者搭桥越过它们。幸好，有一个超级有趣的方案可以解决这个问题！炽足兽是下界中唯一的友好生物，对它好一点儿！你可以给它套上鞍，再用诡异菌钓竿就能控制它的行进方向。

4 价格公道

不管你潜入了一座堡垒遗迹还是一座下界要塞，或是在各个生物群系之间漫游，用不了多久，你就会遇到猪灵。它们只有在你身穿金质盔甲时才是中立生物。如果你着装合理，就可以和它们以物易物。给它们一块金锭，它们便会丢给你一件物品作为回报——真不错！

5 恶魂之泪

如果你首先听到了类似于猫打哈欠的声音，然后是恐怖的尖叫声，那么快蹲下！有一只恶魂刚朝你发射了一颗火球。这些如幽灵般飘浮着的生物会在灵魂沙峡谷、玄武岩三角洲和下界荒地中生成，因此在这些地方时要注意安全。如果你打败了一只恶魂，它便会掉落一滴恶魂之泪，这可以被用来制作再生药水。

6 化石结构

在灵魂沙峡谷生物群系中，你也许能看到巨大的化石结构，它们看起来像史前生物的骨架！它们真是一道很酷的风景线！

7 堡垒遗迹

在下界中可以找到的两种建筑结构之一便是堡垒遗迹，这里存放着各种珍宝（如果你足够幸运便能得到它们），包括猪鼻盔甲纹饰锻造模板和旗帜图案，还有哭泣的黑曜石、Pigstep音乐唱片和下界合金升级锻造模板。这里散落着许多装着战利品的箱子，看看你能找到什么吧！不过要小心，这里虽然满是宝藏，但也十分危险：有着大金腰带扣的猪灵蛮兵们不会被黄金吸引——它们一见到你便会开始攻击，因此要记得随身带着武器。

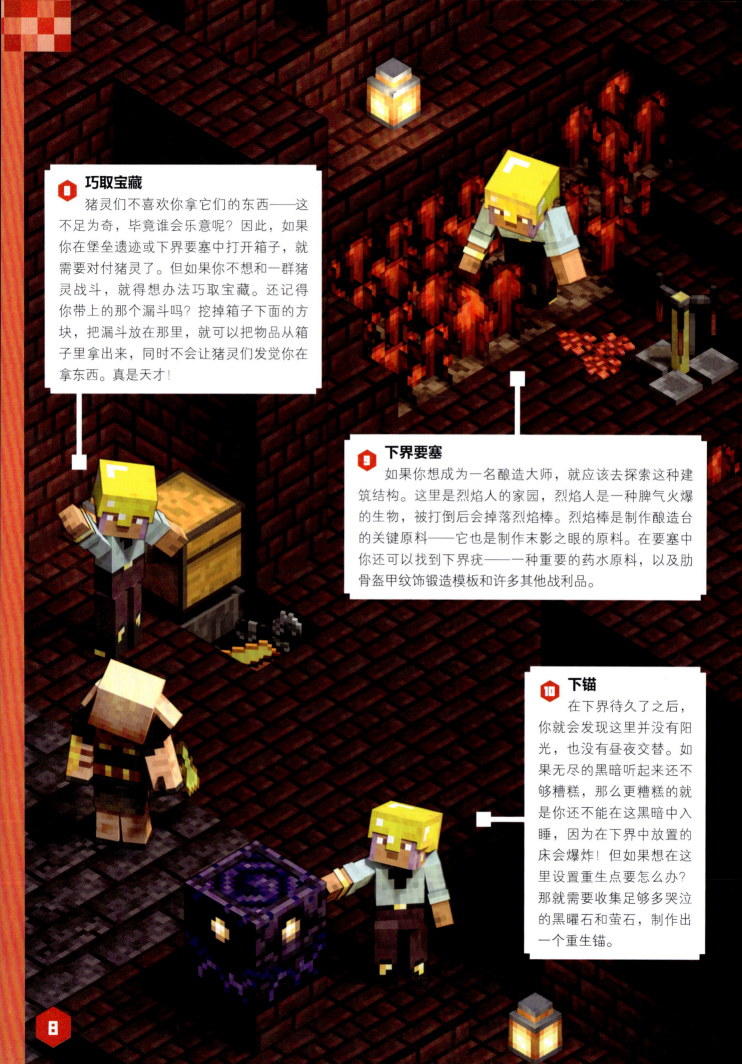

巧取宝藏

猪灵们不喜欢你拿它们的东西——这不足为奇，毕竟谁会乐意呢？因此，如果你在堡垒遗迹或下界要塞中打开箱子，就需要对付猪灵了。但如果你不想和一群猪灵战斗，就得想办法巧取宝藏。还记得你带上的那个漏斗吗？挖掉箱子下面的方块，把漏斗放在那里，就可以把物品从箱子里拿出来，同时不会让猪灵们发觉你在拿东西。真是天才！

下界要塞

如果你想成为一名酿造大师，就应该去探索这种建筑结构。这里是烈焰人的家园，烈焰人是一种脾气火爆的生物，被打倒后会掉落烈焰棒。烈焰棒是制作酿造台的关键原料——它也是制作末影之眼的原料。在要塞中你还可以找到下界疣——一种重要的药水原料，以及肋骨盔甲纹饰锻造模板和许多其他战利品。

下锚

在下界待久了之后，你就会发现这里并没有阳光，也没有昼夜交替。如果无尽的黑暗听起来还不够糟糕，那么更糟糕的就是你还不能在这黑暗中入睡，因为在下界中放置的床会爆炸！但如果想在这里设置重生点要怎么办？那就需要收集足够多哭泣的黑曜石和萤石，制作出一个重生锚。

11 下界合金

如果你想获得最强的工具和盔甲，就需要找到下界合金和下界合金升级锻造模板，并将它们用在钻石盔甲上。你可以在建筑结构中搜刮到下界合金碎片，也可以挖掘至地底深处寻找远古残骸，那是下界合金碎片的原料。

12 肚子饿了

你的食物已经吃完了？那么你有两个选择，可以建造一道下界传送门回到主世界去取一些吃的，也可以试试打倒疣猪兽。它是猪排的来源之一——也是下界中有限的食物来源之一——你肯定已经猜到了，想打倒这种生物并不容易！和主世界中友好的猪不同，疣猪兽可不会被你轻易击败。

13 热门景点

如果你是一位真正的探险家，那么你一定想要达成这个成就——游览下界中的5个生物群系：灵魂沙峡谷、玄武岩三角洲、绯红森林、诡异森林和下界荒地。

找不同：樱花树林

在探索了一整天后，阿里和凯在一片樱花树林里扎营，准备在这里过夜。或许是营火的光在闪烁，又或许是疲惫和饥饿影响了他们的视力，周围的一切似乎都在发生变化。你看出来了吗？请在两个场景之间找到10处不同，并在左边的场景中圈出来，同时边找边在下面打钩吧。

1 ⬡　2 ⬡　3 ⬡　4 ⬡　5 ⬡　6 ⬡　7 ⬡　8 ⬡　9 ⬡　10 ⬡

答案见第62页

盔甲纹饰

埃菲
的专业引导

随着盔甲纹饰在2023年加入，各种建筑结构中的战利品也变得更丰富了。游戏中有16种锻造模板（最新版本有18种）、6种盔甲材料和10种纹饰材料（最新版本为11种），将它们用在4件不同部位的盔甲上，就有了几千种可以用盔甲纹饰创造出来的组合。的确，盔甲纹饰不会提供额外的保护，但它们看起来多棒啊！

盔甲材料

这些材料的盔甲都可以加上纹饰。

皮革

金

锁链

铁

钻石

下界合金

贴心提示！ 你甚至可以使用和盔甲相同的材料为盔甲加上纹饰——这会让图案的颜色变得更深。

部分纹饰材料

这些是可以和锻造模板一起使用，给盔甲加上各色纹饰的材料。

紫水晶 / 石英

铜 / 铁

钻石 / 青金石

绿宝石 / 下界合金

金 / 红石

锻造模板

要获得有纹饰的盔甲，需要使用锻造台，并将锻造模板、锻造材料和一件盔甲组合。不过要注意，锻造模板十分稀有，并且只能使用一次，因此请小心保管全新的、精美的、有纹饰的盔甲。

升级装备

海岸
来自：沉船
生成：箱子中随机生成2个
复制用方块：圆石

沙丘
来自：沙漠神殿
生成：箱子中随机生成2个
复制用方块：砂岩

眼眸
来自：要塞
生成：祭坛箱子中随机生成1个，以及图书馆箱子中生成1个
复制用方块：末地石

雇主
来自：古迹废墟
生成：可疑的砂砾中随机刷出1个
复制用方块：陶瓦

牧民
来自：古迹废墟
生成：可疑的砂砾中随机刷出1个
复制用方块：陶瓦

肋骨
来自：下界要塞
生成：箱子中随机生成1个
复制用方块：下界岩

哨兵
来自：掠夺者前哨站
生成：箱子中随机生成2个
复制用方块：圆石

塑造
来自：古迹废墟
生成：可疑的砂砾中随机刷出1个
复制用方块：陶瓦

幽静
来自：远古城市
生成：箱子中随机生成1个
复制用方块：深板岩圆石

猪鼻
来自：堡垒遗迹
生成：箱子中随机生成1个
复制用方块：黑石

尖塔
来自：末地城
生成：箱子中随机生成1个
复制用方块：紫珀

潮汐
来自：海底神殿
生成：远古守卫者被打倒后有概率掉落1个
复制用方块：海晶石

恼鬼
来自：林地府邸
生成：箱子中随机生成1个
复制用方块：圆石

监守
来自：远古城市
生成：箱子中随机生成1个
复制用方块：深板岩圆石

向导
来自：古迹废墟
生成：可疑的砂砾中随机刷出1个
复制用方块：陶瓦

荒野
来自：丛林神庙
生成：箱子中随机生成2个
复制用方块：苔石

《我的世界》的15年

你敢相信吗？截至2024年底，《我的世界》已经15岁了。每年都有很多内容被添加进来，让这款游戏的内容更加丰富。让我们一起回望《我的世界》迄今为止所走过的历程，回顾一下历年来那些新增的精彩内容吧。

努尔
带你看世界

《我的世界》的诞生！

这一年不仅是《我的世界》诞生的一年，也是《我的世界》玩家们开始出现的一年！从那时起，你就玩这个游戏了吗？

冒险更新

这次更新带来了许多振奋人心的新建筑结构供玩家们探索，例如村庄、要塞和废弃矿井，还有末地维度！当然，这些地方肯定不会没有生物——村民、末影人、蠹虫和洞穴蜘蛛也在这一年被加入。

骇人更新

顾名思义，这次更新带来了许多十分可怕的新生物，例如凋灵、凋灵骷髅、女巫和僵尸村民——啊！

战斗更新

这一年，末地得到了升级，增加的内容包括外岛以及其上的末地城、潜影贝、紫颂植株和游戏中最令人兴奋的战利品：鞘翅。谁不想飞起来呢？

2009 **2010** **2011** **2012** **2013** **2014** **2015** **2016**

下界诞生

在主世界出现仅一年后，下界就被加入了游戏。与其一起被加入的还有许多现在还居住在那里的可怕生物！

马匹更新

你猜对了：这次更新将马加入了游戏。同时，加入了驴、骡子、骷髅马和僵尸马，这样你就不用总是步行穿越主世界了！

缤纷更新

和艾利克斯打个招呼吧！如果我们想到史蒂夫，那么会马上想起艾利克斯，史蒂夫的确在艾利克斯加入游戏前度过了孤独的5年。但艾利克斯不是这一年仅有的更新内容——同样被加入的还有海底神殿，包括组成海底神殿的那些方块以及其中的守卫者。还有兔子！

探险更新

在这次更新中，林地府邸被加入了主世界，同时被加入的还有那些脾气暴躁的生物：卫道士、唤魔者和恼鬼。好在这一年我们也有了羊驼！

15 YEARS

多彩世界更新

这次更新的确色彩缤纷，带来了许多彩色的方块。主世界新增了彩色混凝土和混凝土粉末，以及带釉陶瓦和为床上色的功能。另外，这一次还加入了鹦鹉！

村庄与掠夺

这一年对于村民们来说既是激动人心的一年，又是恐怖的一年。虽然他们有了职业，找到了自己的目标，但他们也有了新的敌人，那就是掠夺者。从此之后，当玩家带着凶兆效果进入平静的村庄时，便会有一拨又一拨的灾厄村民来攻击他们。哎呀！

下界更新

这次更新在其中加入了新的下界生物，有猪灵、疣猪兽、僵尸疣猪兽（其实它们很可爱）以及炽足兽。此外，新的生物群系和下界合金的加入也很棒！

足迹与故事

对于勇敢的探险家们来说，这次更新是激动人心的：被加入游戏的不仅有考古玩法，还有锻造模板。而且谁会不喜欢迷人的、全新的樱花树林生物群系和骆驼呢？

2017　**2018**　**2019**　**2020**　**2021**　**2022**　**2023**　**2024**

水域更新

现在，在海底潜水变得更加激动人心了。有了新的海洋生物、沉船和宝藏的加入，你可以踏上新的海盗冒险旅途。

洞穴与山崖

在这次更新中，地下变得更奇妙了。有了不同种类洞穴的加入，我们可以在其中的繁茂洞穴中遇见一种可爱的新生物：美西螈。我们还能看到山羊和发光鱿鱼！

试炼密室

时间来到了2024年，我们面对了试炼密室带来的全新挑战。这个危险的藏宝库肯定能在未来的许多年里不断吸引探险家们前来。

荒野更新

这次更新非常棒，但也十分可怕。被加入游戏的有超可爱的青蛙和恐怖的监守者。这两种生物的加入也带来了它们各自的栖息地：红树林沼泽和深暗之域。

建筑挑战：蛋糕基地

和我们一起庆祝《我的世界》的15周年，建造出这座漂亮的基地吧！这种建筑结构肯定能让你的朋友们纷至沓来——可能还会吸引几只僵尸——希望能吃到蛋糕（还有脑子）！我们开吃——我是说——开始建造吧！

与凯
一起建造

难度：

★★☆☆☆

🕐 25分钟

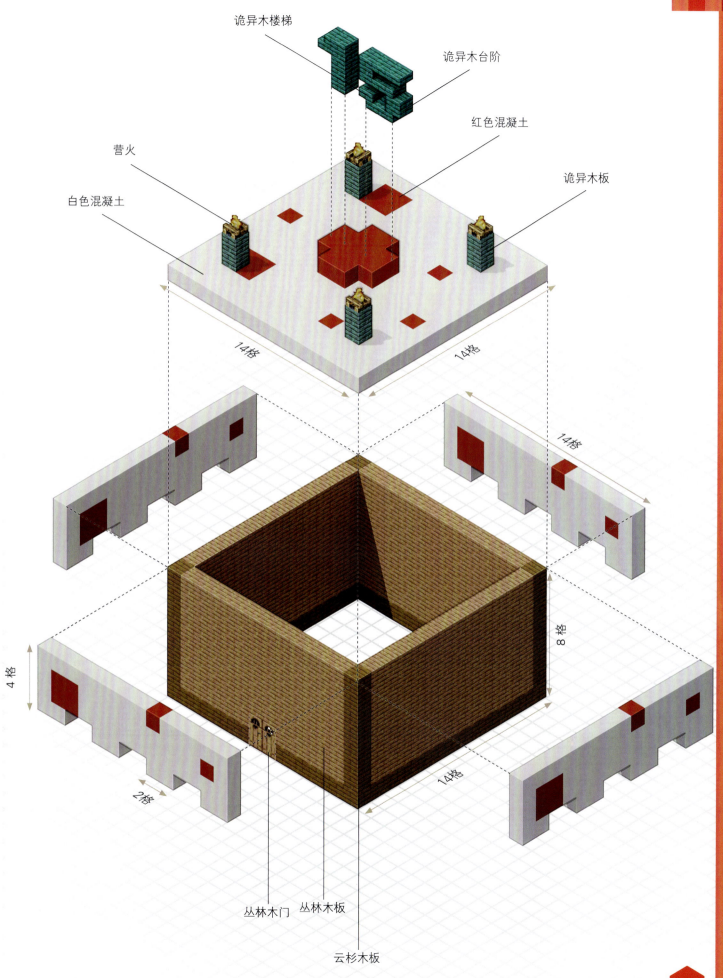

诡异木楼梯

诡异木台阶

红色混凝土

营火

诡异木板

白色混凝土

14格

14格

14格

8格

4格

2格

丛林木门

丛林木板

云杉木板

《我的世界》迷宫：海床

史蒂夫
的谜题

麦凯伦和阿里正在水下寻宝。你能帮他们在海床上找到通往海底遗迹的路吗？不过你要抓紧时间——他们忘带海龟头盔了！记得要躲开守卫者和远古守卫者们。

起点

终点

答案见第62页

与魔赞工作室共同回忆往事

努尔
带你看世界

《我的世界》从问世到现在，这款游戏的内容变得十分丰富：有几百种方块、几十种生物，以及各种各样的生物群系和游戏模式。《我的世界》中有这么多的内容可供选择，想在其中找到自己的最爱确实很困难！来看看魔赞工作室的创作者们最喜欢什么吧。你认同他们的看法吗？

岩浆怪

延斯·伯根斯坦
首席创意设计官

我喜欢岩浆怪。它的外观和它发出的声响都很有趣，而且能让人真切地感受到它是来自《我的世界》的生物。

恶魂

安娜·隆格伦
制作人

我喜欢恶魂，当你进入下界，听到恶魂发出好似"咯咯"的笑声时，那种阴森恐怖的感觉真是无与伦比的！而且它们既可爱又危险，这也让它们更加有趣。

下界

马修·盖茨克
社区协调专员

我喜欢下界更新中加入的诡异森林！我曾多次试着在那里建造家园，但每次都会有恶魂飞来破坏气氛。

探索新世界

贾斯珀·波斯特拉
艺术总监

在《我的世界》中，我最喜欢做的事是和朋友们一起探索一个新世界，并在其中寻找安身之处。在这宏大的冒险旅途中，我们长途跋涉，一路上会遇到各种困难——大部分是因为我们走散了，或者在争论究竟是留下来还是继续前进！

建造一座城镇

大卫·卡尔顿
《我的世界》领域开发主管

在《我的世界》中，我最喜欢的事情是和朋友们一起建造一座城镇。我们会四处冒险，探索并带回新奇的东西，再用它们建造令人印象深刻且能表现个性的家园。一座用镶金黑石装点的城堡背后总会有一段故事。

色彩

克里斯蒂娜·霍纳
社区协调专员

我喜欢游戏中所有可以被染成彩色的东西。从混凝土、宠物项圈到染色玻璃，我会努力地让我的每一座新建筑都变得色彩缤纷。我的得意之作是一座彩虹绵羊农场，它配备了一整套自动修剪羊毛的机器，能为我提供所需的彩色羊毛！

狐狸

卡梅伦·托马斯
高级社区协调专员

在《我的世界》中，我最喜欢的生物是狐狸！我承认，现实生活中的狐狸也很棒，但在《我的世界》中它们更加可爱。你可以和它们成为朋友，它们也不会破坏你的垃圾桶，把垃圾撒得到处都是。你还有什么理由不喜欢它们呢？

猫

玛丽安娜·萨利梅娜·皮雷斯
高级概念艺术家

《我的世界》中，我最喜欢的事物——和现实中一样——就是猫！我热衷于踏上冒险旅途，在附近的村庄寻找一只猫，然后慢慢用食物俘获它的心，最后让它变成我的宠物，用命名牌给它起个有趣的名字。目前我在《我的世界》中的宠物是一只名叫"曲奇"的黑猫，它和我一起住在我的蘑菇屋里。

讲故事

昂内丝·拉松
游戏总监

玩《我的世界》时，我最喜欢的是成为世界的构建者和故事的讲述者。借助《我的世界》和我自己的想象力，我可以建造出世代相传的王国，也能创造出由各种商店、居民区和人文建筑构成的村庄和城市。

音乐

杰伊·韦尔斯
社区协调专员

如果我只能选一个最爱的东西，那么我可能会选音乐。我在探索末地时听到的配乐总能让我毛骨悚然，在下界中听着音乐的冒险之旅也给我留下了很棒的回忆。

前期生存

乔希·穆拉纳克斯
发行管理

　　在《我的世界》中，我最喜欢的是和朋友们一起在一个全新的世界中生存。探索的方向无穷无尽，我们不知道将会遇到什么样的麻烦！每一次，在大型游戏玩法更新后，我们都会进入一个新世界游玩，并试着以最快的速度找到新加入的东西，看看它们会如何改变我们建造的基地和探索世界的方式。

建造基地

马克·沃森
监制

　　在《我的世界》中，我最喜欢的事肯定是和朋友们一起搭建一座让我们可以安稳居住的、功能齐全的基地。从建造钓鱼码头到播种作物，再到升级村民的交易项目，确保一切都可以有条不紊地运转是重中之重。我们越能更快地补充物资，就越能更早地出发冒险！

鱼骨挖矿

阿德里安·奥斯特加德
音乐与音频制作人

　　《我的世界》中，我最喜欢做的事之一是鱼骨挖矿。它有一种奇特的治愈效果。听着熟悉的方块被破坏的声音在矿道中回响，再配上找到钻石时，多巴胺分泌带来的喜悦，这一切都如此令人满足。再加上《我的世界》的原声带，或者自己喜欢的音乐，可以让我的心情更舒畅。

建筑挑战：竹子生产器

你想更快地在生存模式中修建竹子建筑吗？试试这个自动竹子生产器吧！这个装置会收获竹子，把它们送进合成器里。在合成器里，它们会被制成竹块供你使用。想马上就建一座竹房子吗？它能帮上忙！想要用不完的竹筏吗？小菜一碟！

与凯
一起建造

难度：
★★★☆☆
🕐 35分钟

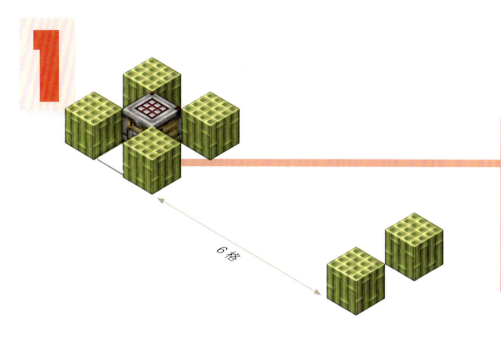

1

6格

首先，放置一个合成器，并在它上方放一块铁质压力板。在你踏上它时，这块压力板会激活合成器，使它开始运转，即开始合成。在合成器四角处各放上一个竹块，然后在合成器右侧6格远的位置再放上两个竹块。

在合成器上放上一个漏斗，然后在所有的竹块上再增加一层竹块。之后用更多竹块填满立柱之间的空间，但要在压力板上方留出空间。

2

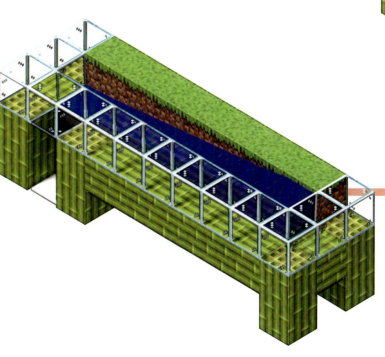

在建筑后方加上一行草方块，在两端各留出一格空间。用玻璃方块沿着建筑上方，在草方块周围建出环形。在与漏斗所在的位置相反的另一端，在缺口里放上一个水源方块。这会让落在这里的所有东西都被冲进漏斗里，并被输送到合成器里。

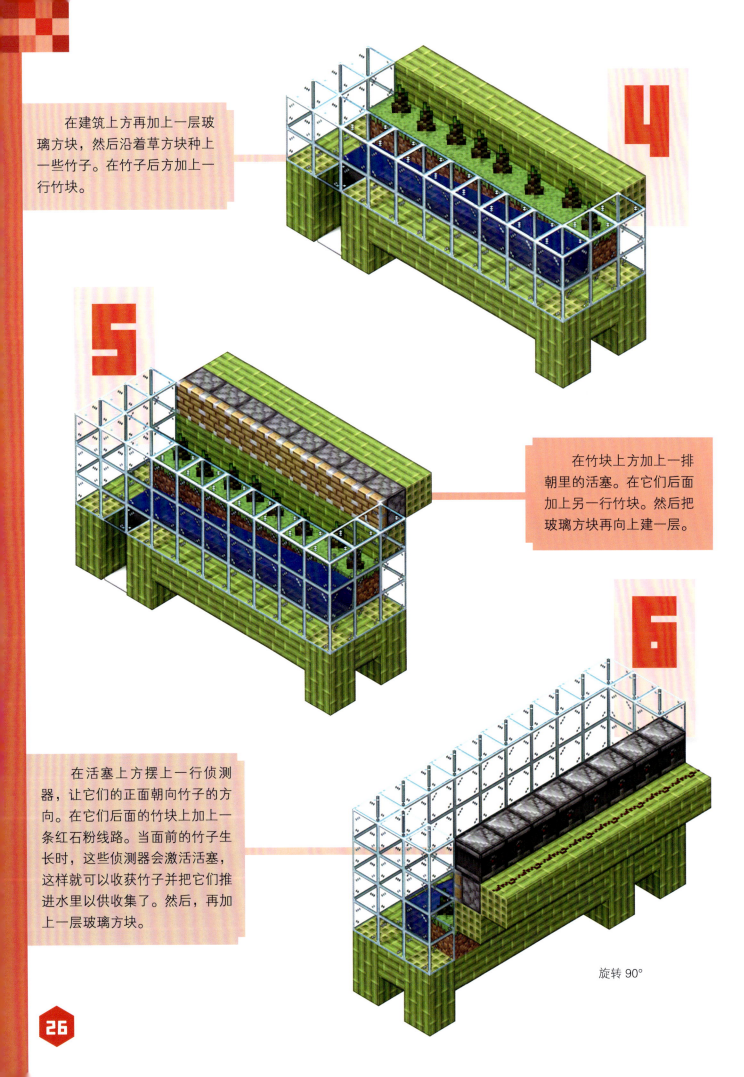

在建筑上方再加上一层玻璃方块，然后沿着草方块种上一些竹子。在竹子后方加上一行竹块。

在竹块上方加上一排朝里的活塞。在它们后面加上另一行竹块。然后把玻璃方块再向上建一层。

在活塞上方摆上一行侦测器，让它们的正面朝向竹子的方向。在它们后面的竹块上加上一条红石粉线路。当面前的竹子生长时，这些侦测器会激活活塞，这样就可以收获竹子并把它们推进水里以供收集了。然后，再加上一层玻璃方块。

旋转 90°

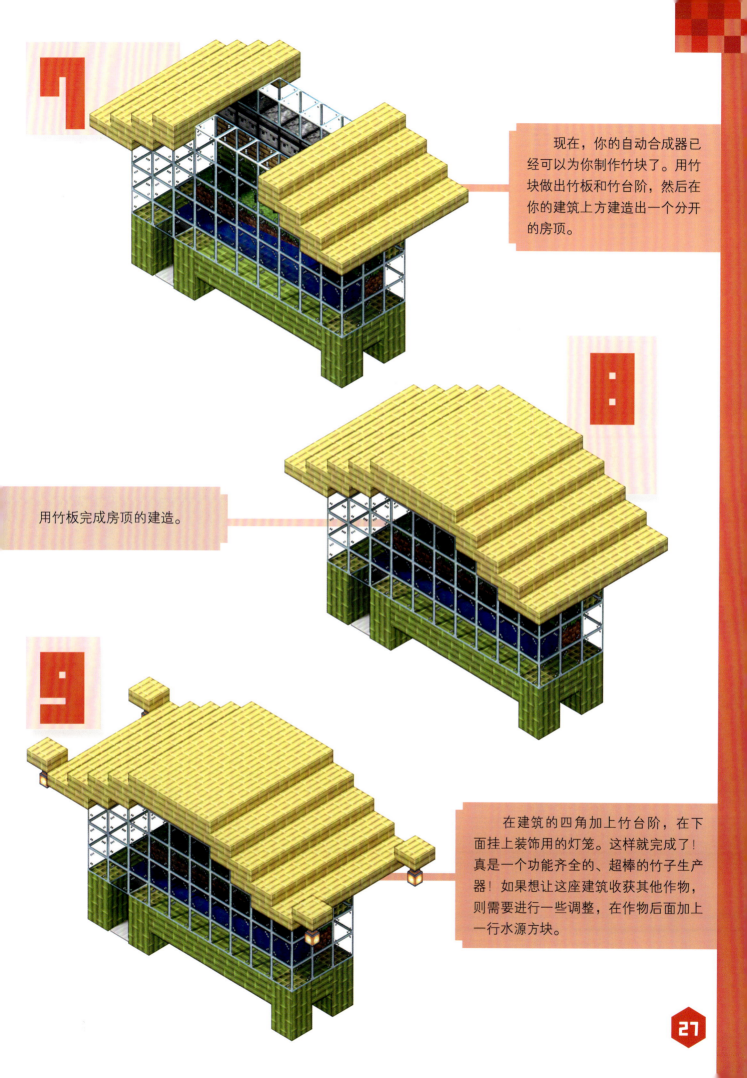

现在，你的自动合成器已经可以为你制作竹块了。用竹块做出竹板和竹台阶，然后在你的建筑上方建造出一个分开的房顶。

用竹板完成房顶的建造。

在建筑的四角加上竹台阶，在下面挂上装饰用的灯笼。这样就完成了！真是一个功能齐全的、超棒的竹子生产器！如果想让这座建筑收获其他作物，则需要进行一些调整，在作物后面加上一行水源方块。

桌游：逃出矿洞！

带上骰子，叫上几个朋友，一起来玩桌游吧。避开路上的危险，尽快到达终点。你是可以毫发无伤地到达终点，还是会不幸遇到熔岩、坑洞和黑暗中潜藏的敌对生物而遭遇不测呢？

与祖瑞
一起游戏

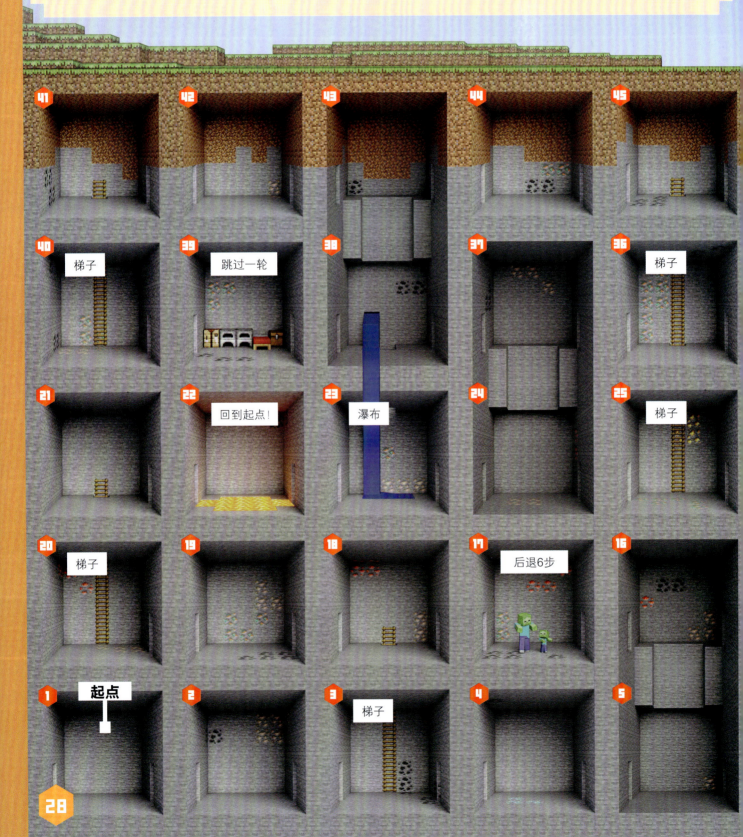

41	42	43	44	45
40 梯子	39 跳过一轮	38	37	36 梯子
21	22 回到起点！	23 瀑布	24	25 梯子
20 梯子	19	18	17 后退6步	16
1 起点	2	3 梯子	4	5

规则

1. 同时投出两个骰子，得到向前移动的总步数。
2. 如果遇到熔岩湖，就要回到起点！如果遭遇敌对生物，则后退指定的步数。如果掉进坑里，就会掉落至下方的一格。
3. 如果走到有梯子的格子，就爬上去。如果遇到了瀑布，就游到它的顶部！
4. 如果移动到有床的格子，就睡一觉，跳到下一轮。
5. 第一位走出矿洞到达终点的玩家即为胜利者！

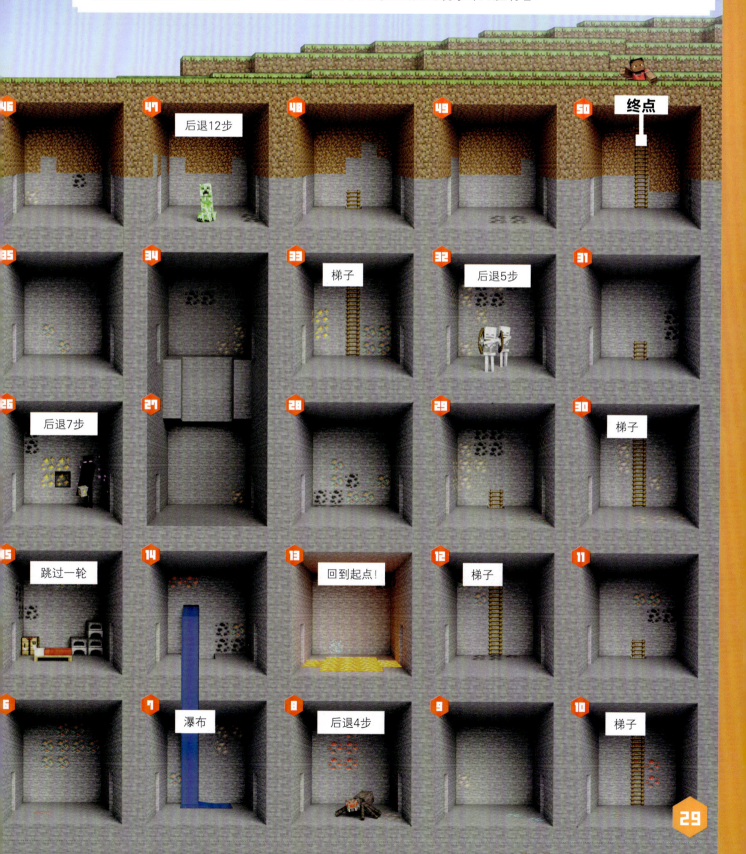

46	47 后退12步	48	49	50 终点
35	34	33 梯子	32 后退5步	31
26 后退7步	27	28	29	30 梯子
15 跳过一轮	14	13 回到起点！	12 梯子	11
6	7 瀑布	8 后退4步	9	10 梯子

试炼密室更新

带上朋友，穿上盔甲——下一次更新将会是一场狂野的冒险之旅。不管你喜欢多人游戏体验、生存模式挑战还是制作精巧的红石装置，这次更新都会让所有玩家兴奋不已！到目前为止，你已经发现了多少新内容？

与阿里
一同探索

试炼密室

这座位于地下的建筑结构中布满了长廊，它们通向包含着不同试炼和挑战的密室。这些房间中可能会有装满战利品的箱子，也可能会有朝你放出一群敌对生物的试炼刷怪笼。你敢接受这个挑战吗？

旋风人

在探索试炼密室时，你可能会遇到一种新的敌对生物——旋风人。这种调皮的生物会四处飞舞，用风弹攻击你。这些风弹不仅会在击中你时造成伤害，而且能和房间里的其他物品互动，例如活板门，让房间对你造成阻碍。不过，如果打倒了一个旋风人，也许你可以捡到一颗风弹来玩！

犰狳

这种生物也许看起来可爱、无害，但当我们在躲避蜘蛛时，蜘蛛们却会躲避犰狳！因为这种生物会把蜘蛛眼当早餐（以及午餐和晚餐！）。小心了，蜘蛛们——它们来找你们了！

合成器

如果你喜欢红石，那么你一定会花很长时间来摆弄这种新方块。有了合成器，便可以让合成自动化。只需要在其中装上材料，选择一个配方，然后按下按钮便可让它合成物品或方块，直到用完里面的材料为止。你会用它合成什么呢？

新方块

　　有更新，怎么会没有激动人心的新建筑方块？现在，你可以在试炼密室中找到雕纹凝灰岩、铜格栅和铜灯。或许其中最令人兴奋的就是铜灯。它们在氧化后只会发出微弱的光，但如果使用斧子，就能削掉氧化层，让灯重新变亮。

沼骸

　　快跑！躲开这个主世界中新出现的怪物！沼骸使用毒箭，准头极佳，想在遭遇它们之后活下来可不简单。它们会潜伏在沼泽和红树林沼泽生物群系中，也会在试炼密室中生成，要当心。

狼

　　在这次更新中，我们的犬科伙伴们得到了大升级。现在你可以用犰狳鳞甲制作保护它们的盔甲，而且它们的种类也更多了。你驯服了什么颜色的狼？

试炼刷怪笼

　　虽然这种方块看起来和刷怪笼相似，但它的运作原理不一样。在试炼密室中可以找到这种新刷怪笼，它会根据在场的玩家数量调整生成的怪物数量。因此，相较于和朋友一起，在你独自游玩时，它会生成更少的怪物。当你打倒了所有的怪物之后，就可以从这里获得战利品作为奖励，其中包括绿宝石。在此之后，试炼刷怪笼会发出烟雾，这代表它在冷却。如果在它附近待上足够长的时间，就可以再次进行挑战——如果你敢的话！

建筑挑战：灯笼

与凯
一起建造

哎呀！你的下界传送门开在了很高的地方！你可以搭建一道从那里通向低处的阶梯……也可以接受这个高处的位置，把它变成一盏悬空的由下界传送门组成的灯笼！穿上鞘翅从天而降吧——别落在熔岩里就好！

难度：
★★☆☆☆
🕐 25分钟

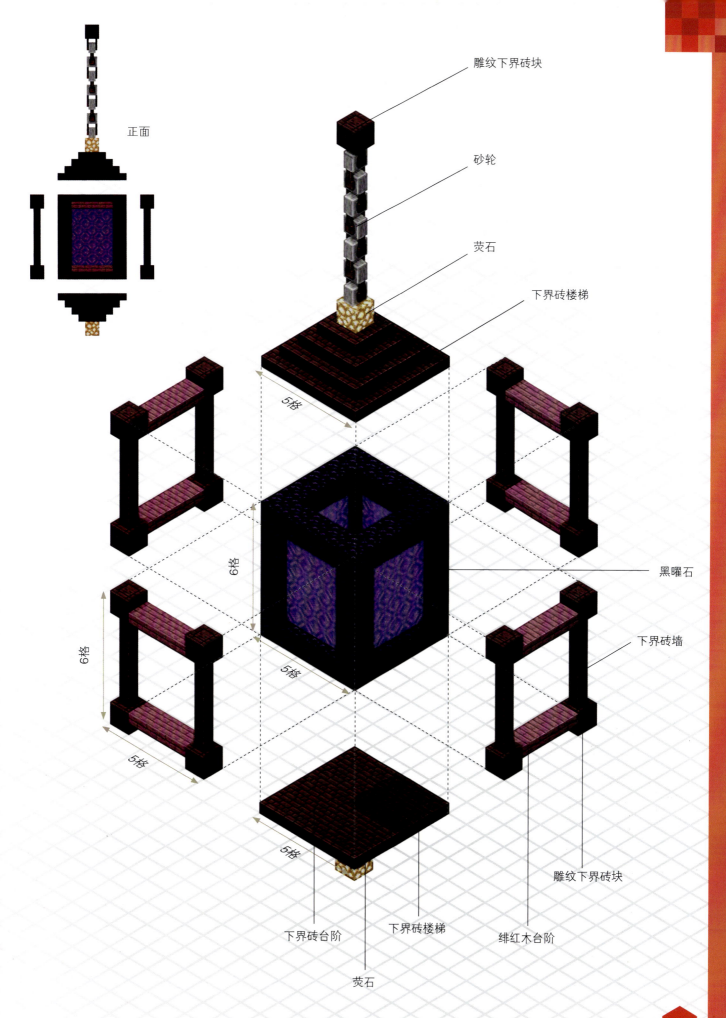

正面

雕纹下界砖块

砂轮

荧石

下界砖楼梯

5格

6格

6格

黑曜石

5格

5格

下界砖墙

雕纹下界砖块

5格

下界砖台阶

下界砖楼梯

绯红木台阶

荧石

你是哪种生物？

你有没有想过在《我的世界》中，你会是哪种生物？做一做这个测试，看看你最像哪种生物吧！你是一个喜欢独来独往的末影人，还是总陪在朋友身边的悦灵？通过这个测试一探究竟吧！

史蒂夫
的谜题

1 当早上闹钟响起时，你会：

A 帮助大家起床。如果你能准时起床，他们也能。

B 起床后，你会在冲澡之前攻击所有敢看你的人。

C 马上跑下楼吃早餐！这是一天中最重要的一餐。

D 哦！又到早上了。你会待在床上！

E 你已经完全清醒了，准备好迎接新的一天。

2 如果你可以拥有一种超能力，你会选择什么？

A 可以复制物品的能力。

B 传送。

C 可以让所有的食物——甚至蔬菜——尝起来像巧克力。

D 可以让其他人变形。

E 有好朋友们的保护，谁还需要超能力？

3 你理想中的周日是怎样的？

A 和朋友与家人一起度过，无论他们需要什么，都为他们提供帮助。

B 在树林里漫步，避开人群。

C 享用周日烤肉。在周日还能干什么？

D 睡到日落，然后出门交新朋友。

E 当然是做作业。毕竟不学习就不能成才。

大部分是A

悦灵

你喜欢帮助他人，总是最热心的那个。你的性格阳光开朗，其他人都想和你做朋友。

4 你最喜欢的科目是什么？

A 体育——你最喜欢跑来跑去地捡东西。

B 物理——你喜欢了解关于宇宙和物体运动规则的知识。

C 午餐——嘿，这也算！不算？好吧。美术——你喜欢画苹果。

D 戏剧——你喜欢扮演其他人。

E 数学——你喜欢算术，想知道所有东西的价值。

大部分是B

末影人

你好像有些害羞，甚至还有点儿闷闷不乐。虽然你独来独往，但没人敢和你打架，因为他们肯定会输！

大部分是C

熊猫

当你和朋友们在一起时是最开心的——当然是在餐桌前——而且你乐于和身边人分享你对食物的热爱。

5 你的朋友们会怎么形容你？

A 乐于助人——当他们需要你时你总是在。

B 朋友？什么朋友？我不需要他们。

C 有趣——总是在午餐时间开玩笑。

D 忠诚——一旦你交到了朋友，他们就是你一生的朋友。

E 聪明——你总是知道正确的答案。

大部分是D

僵尸

你想让所有人都像你一样——毕竟你很了不起！你有一群志同道合的朋友，你也喜欢成为群体中的一员。

大部分是E

村民

你是个有干劲儿且喜欢每天按部就班地生活的人，也是社区中活跃的一员。你和所有人都可以和睦共处，也知道该如何实现自己的目标。

市场

努尔
带你看世界

如果你想改变一成不变的现状，就去《我的世界》的市场里看看吧。你可以在全新的地图和小游戏中踏上新的冒险旅途，用纹理包改变游戏的外观，又或许你只是想让你的玩家形象变得别具一格。以下是一些我们最喜欢的新内容，供你尝试！

纹理包

用纹理包改变游戏的外观！

低清8比特
TETRASCAPE

它让你的世界变成如彩笔画一般的世外桃源。这个纹理包真是可爱，对吗？它甚至自带背景音乐，让你可以完全沉浸其中。一定要试试！

方形边框纹理
HEROPIXEL GAMES

若彩笔画不对你的胃口，那这个纹理包中的方形边框怎么样？它的纹理简洁，可能会让你误以为自己在玩另一款完全不同的游戏！

混搭包

想了解一段故事，以及与它相关的纹理包？那就试试混搭包吧！

汽车混搭包
ODYSSEY BUILDS

谁不渴望拥有一辆汽车，驾驶着它在主世界驰骋呢？在这个混搭包中，有整个城市供你探索。在这里，你可以解锁许多很棒的汽车并驾驶它们！

独角兽牧场混搭包
LIFEBOAT

这个混搭包真是充满魔力！你可以制作出自己的小独角兽并养育它。在它成年后，你就可以骑上它了。如果还不够酷，那么它还有操控魔法的能力！

冒险地图

在这些沉浸式地图中踏上一场全新的冒险!

恐龙重生
KUBO STUDIOS

如果你喜欢恐龙,那么你一定会爱上这场全新的、与恐龙相伴的旅途!在这个地图中,有超过50种恐龙供你繁殖、驯服、挑战、孵化甚至骑乘。

太恐怖了!
CUBED CREATIONS

如果你喜欢恐怖故事,那么来看看这个冒险地图吧。这里满是恐怖的怪物,随时都能把你吓得魂飞魄散。真是惊心动魄!

小游戏

想在《我的世界》里玩好玩儿的新游戏?试试小游戏吧!

只能往上!
LIFEBOAT

如果你喜欢猫,那么你可能会对这个任务感兴趣:沿着这个障碍赛道爬到顶端,解救在最高处的猫咪。看,早就跟你说过了!等你到了最高处,一定已经成为了一位跑酷专家。

自然摄影
RAZZLEBERRIES

在这个小游戏中,你将探索世界,拍摄那些不可思议的野生动物的照片,有狮子、长颈鹿、大象及许多其他动物。真是狂野!

皮肤

用皮肤包让你的游戏角色改头换面!

鸭子小队
VENIFT

有了这些鸭子皮肤,你一定会开心地嘎嘎叫!谁不想穿上一套漂亮衣服,变得像一只可爱的黄色小鸭一样呢?让我换上这个皮肤吧!

绯色少年
STREET STUDIOS

没有人比年轻人更懂时尚。这些超酷青少年装扮的灵感都来自樱花树林生物群系——可以说它是游戏中最美丽的生物群系之一。

书写你的冒险故事

与阿里
一同探索

戴上你的创意帽，来书写一篇不可思议的冒险故事吧！《我的世界》中满是书写故事的契机：毕竟每次游玩，你都会得到全新的冒险经历！以你的体验为基础，书写出一段史诗般的故事和朋友们分享——或者在下次加载游戏时演绎出来吧！

主角

首先，要想出一位主角。故事将会围绕这位主角展开。主角可以是你，也可以是完全虚构的某个人——选择权在你！主角是否有一位生物朋友？它可以是一头狼、一只悦灵，或者任何其他生物。

名字 ....
主角在追寻什么? ....
....

例如：成为村庄英雄、变得富有、拥有许多钻石、得到不死图腾、建造动物园……

在这里画出主角的样子

反派

反派是主角的敌人。反派一般会设法扰乱主角的计划，或者妨碍主角完成目标。反派可以是任何一种敌对生物，或者另一位玩家。

名字 ....
反派在追寻什么? ....
....

在这里画出反派的样子

开头

　　每一篇故事都有一个开始！在这一部分，你要确定角色的目标，让主角踏上追寻这个目标的旅途。

....

....

....

....

....

....

....

中间

　　在这一部分，事情的走向开始偏离计划。也许反派会在这里登场，并阻止主角达成自己的目标。在你的主角得到自己想要的东西之前，需要先解决眼前的问题。主角的伙伴会帮助他吗？还是会让一切变得更糟？

....

....

....

....

....

....

结尾

　　你的主角打败了敌人，实现了自己的目标，或者没有实现——这由你来决定！无论如何，所有的故事都要有一个结局！

....

....

....

....

....

完！

你会选择……

试试这些《我的世界》主题的"你会选择……"题目，测试一下你的决策能力吧！虽然其中的大部分不会在游戏中发生，但如果真的发生了，是不是会令人捧腹大笑呢？你选择了哪些选项？你还可以问问你的朋友们，看看他们是否做出了同样的选择。

与祖瑞
一起发明

**你和一种生物成为了朋友，
但它和你想象中的生物不太一样。**

你会选择一头每次都会把你种下的
庄稼吃光的猪

还是

一只每次在你欣赏美景时都会把你
从悬崖上撞下去的山羊？

**你刚刚击退了一次村庄袭击，
开始期盼会得到什么奖励。**

你会选择多到能把物品栏装满的绿
宝石

还是

一位爱你的村民，在你余生的每一
天都为你烤曲奇？

**你研制出了一种新药水，
但效果并不完美。**

你会选择可以让自己跳得很远，但
每次落地都是"硬着陆"

还是

可以随心所欲地隐身，但身上有脱
不下来的、看得见的盔甲？

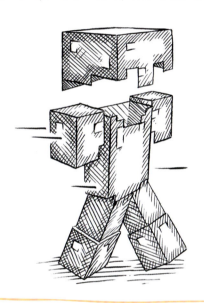

**你有个收集生物的宏大计划，
但不知道要收集哪种。**

你会选择拥有一个可以为你无限量
供应鸡蛋（偶尔还有鸡肉）的鸡群

还是

拥有一支猫猫军团，让它们赶走苦力
怕和幻翼，并且每天早上都为你带来
许多（偶尔是好东西的）小礼物？

你一觉醒来，发现你的一场噩梦变成了现实。

你会选择让末影龙侵入主世界，把村民当晚餐

还是

被一位和羊驼们组建了阿卡贝拉合唱团，
并一直不停唱歌的流浪商人跟随？

布朗尼方块

如果你喜欢巧克力布朗尼，那么你一定会喜爱这些布朗尼方块点心！这是一种松软的巧克力布朗尼蛋糕，上面有椰蓉，它一定会让你的朋友和家人们——也许还有一两只敌对生物——蜂拥而至，想吃上一口。撸起袖子，开始烘焙吧！

原料

布朗尼
- 175克 无盐黄油
- 200克 黑巧克力
- 300克 细砂糖
- 150克 普通面粉
- 3个 鸡蛋
- 100克 巧克力片

装饰
- 100克 牛奶巧克力
- 50克 椰蓉
- 1/2茶匙 绿色食用色素凝胶
- 1/2茶匙 水

工具
- 可微波塑料碗
- 大搅拌碗
- 木勺
- 杯子
- 橡胶刮铲
- 烘焙纸
- 烤盘 约20厘米x25厘米

需要无麸质？
　　将普通面粉换为无麸质面粉即可。

需要无乳制品？
　　确保使用无乳制品成分的黄油、黑巧克力和巧克力片即可。

制作方式

混合
第1步：
　　将黑巧克力和黄油放进可微波塑料碗里。请成年人帮忙用微波炉加热两次，每次加热30秒，在每次加热后搅拌，直至巧克力完全溶化。

第2步：
　　将溶化的巧克力倒进搅拌碗里，加入糖。用木勺搅拌混合。

第3步：
　　小心地量出150克面粉，把它倒进搅拌碗里并搅拌混合。

第4步：
　　取一个杯子，把鸡蛋逐个打入，将鸡蛋在里面搅拌成蛋液。之后把蛋液倒入搅拌碗里并搅拌混合，直至形成光亮的巧克力面糊。

第5步：
　　现在加入巧克力片并搅拌。如果没有巧克力片，可以加入巧克力粒或把一板巧克力切碎并加入。不放也可以！

第6步：
　　在烤盘上铺上烘焙纸，确保烘焙纸可以盖上烤盘的边缘。现在倒入面糊，用勺子或刮铲铺平。

烘焙
第7步：
　　预热烤箱到180°C/风炉160°C/燃气烤炉4挡。

第8步：
　　请成年人帮忙，将布朗尼烤制30~35分钟。若想知道布朗尼是否烤制完成，可以将一根签子或一把叉子插进中间。如果拔出后它被未熟的面糊包裹，那么需要继续烤制；如果上面沾着湿润的颗粒，那么说明烤好了！

第9步：
　　让布朗尼在烤盘里静置，直至冷却——这可能要花点儿时间。在你等待的时候可以先阅读这本年鉴的剩余部分。

第10步：
　　在布朗尼冷却下来后，将它移动到砧板上，请一位成年人协助，将它切成小方块，这些小方块看上去就像土块。

装饰
第11步：
　　如果"土块"已经可以让你满意，那么就大功告成了。如果你想更进一步，让你的布朗尼看起来像草方块，就继续读下去吧。将装饰用的巧克力放在可微波的塑料碗里，用微波炉加热30秒使其溶化。

第12步：
　　同时，将水和食用色素混合，然后与椰蓉搅拌混合。按需加入更多的食用色素凝胶，直至得到你想要的绿色。

第13步：
　　用茶匙在每一小块布朗尼上放上一勺溶化的巧克力。

第14步：
　　现在，在上面加上一大把调好颜色的椰蓉。

第15步：
　　欣赏一会儿……然后与家人和朋友们一起大快朵颐吧！

如果你想做出一些新花样，何不试试把食用色素的颜色换成紫色，做出菌丝方块呢？你也可以再撒上些白色的椰蓉，让它看起来像被雪覆盖的草方块！

已删除特性

在《我的世界》的15年中，我们见证了无数的新生物、生物群系和物品的加入。但如果你是一位经验丰富的玩家，就可能会注意到某些东西被移除了，或者发现一些隐藏在代码中的生物。这些内容你见过几个？

起始房屋

很久以前，在Java版中开始玩生存模式时，你能得到一座起始房屋，里面包含了开始游玩所需要的一切。现在生存模式变得更难了——你得白手起家！

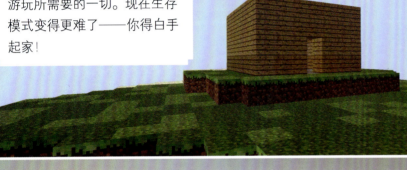

铜制号角

这其实是一种外形时髦的乐器。你可以用它演奏出三种不同的声音。

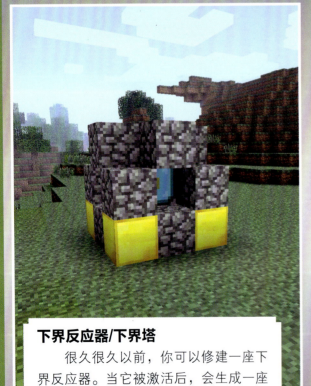

下界反应器/下界塔

很久很久以前，你可以修建一座下界反应器。当它被激活后，会生成一座巨大的下界塔，其中有许多可供收集的物品。

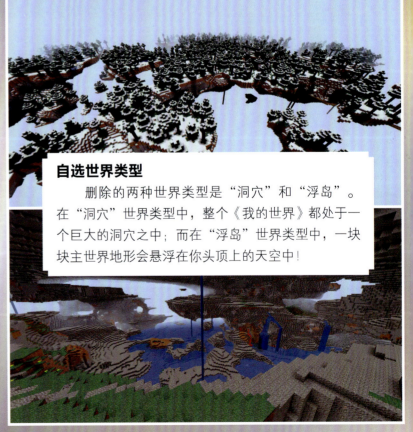

自选世界类型

删除的两种世界类型是"洞穴"和"浮岛"。在"洞穴"世界类型中，整个《我的世界》都处于一个巨大的洞穴之中；而在"浮岛"世界类型中，一块块主世界地形会悬浮在你头顶上的天空中！

未使用特性

一些生物从未被正式加入游戏，但存在于代码中。当你下次游玩时，为什么不试试将它们生成出来，看看会发生什么呢？

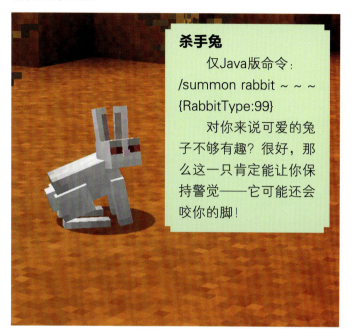

杀手兔

仅Java版命令：
/summon rabbit ~ ~ ~
{RabbitType:99}

对你来说可爱的兔子不够有趣？很好，那么这一只肯定能让你保持警觉——它可能还会咬你的脚！

幻术师

仅Java版命令：
/summon illusioner

如果掠夺者、唤魔者和卫道士还不够有挑战性，那么你还可以生成幻术师。虽然这位灾厄村民看起来像要随时掏出一个水晶球一样，但它还藏着更致命的武器。

巨人僵尸

仅Java版命令：
/summon giant

在生成一只巨人僵尸之前，你可能要先斟酌一番——它的名字并没有夸大，这种生物真的很大！

僵尸马

命令：/summon zombie_
horse or use a spawn egg
或使用刷怪蛋。

一直想要一匹绿色的马？我猜你肯定不会这么想！你可以用命令，也可以在创造模式中生成这种生物。

有些可疑

埃菲
的专业引导

到现在为止，可疑的沙子和可疑的砂砾是否仍然不为你所知？你这段时间都躲到哪里去了？赶快拿上刷子，开始发掘吧！每个可疑的方块都像一张彩票——里面会不会藏着什么？让我们一探究竟吧！

暖水海洋

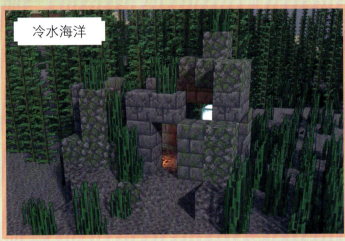

冷水海洋

在哪里可以找到它们？

如果你身处沙漠，那么记得留意身边的沙漠神殿和水井。在这两种结构底部，能找到可疑的沙子。在海底废墟中能找到可疑的方块：如果是在暖水海洋中，这种方块就是沙子；如果是在冷水海洋中，则是砂砾。最后，在古迹废墟中能找到可疑的砂砾。古迹废墟都是很久之前被建造的，多年来一直被深埋在地下。它们会在林地生物群系中生成，例如针叶林、原始森林和丛林生物群系。在地面上，你只能看到它们的顶端。因此，在你下次去林中漫步时，如果遇到一些突兀的方块，那么停下脚步并发掘也许会让你有所收获。

沙漠神殿

沙漠水井

古迹废墟

它们为什么可疑？

这些方块虽然可疑，但不是一件坏事，不过它们确实藏着什么东西。如果你对着一个可疑的方块使用刷子，就能发掘出其中的物品。

那么，里面有什么？

什么都有！一般来说，你可以找到诸如染料、蜡烛、种子、染色玻璃板和悬挂式告示牌等物品。如果你非常幸运，也能找到一些稀有物品，例如纹样陶片或锻造模板（见第12页）。

纹样陶片是什么？

虽然一块纹样陶片平平无奇，但如果将4块纹样陶片进行合成，就能得到一个精美的饰纹陶罐。在主世界中，一共可以找到23种不同图案的纹样陶片，你还在等什么？快去找吧！

装点村庄

确实，村庄已经有了装饰，完全可以不用管它们……但那样有什么意思呢？看看下面这些激动人心的点子，按自己的想法装点主世界的村庄，让它们独具特色吧。毕竟，为什么要满足于所有人都拥有的事物呢？

铁匠铺

你想给普通的铁匠铺进行一次升级，让它变得不一般吗？首先，用砖块和泥砖的组合建造出一根有工业感的烟囱，在顶部放上被云杉木活板门环绕的营火。然后用石砖在屋顶上面加上一层新屋顶，可以让房屋的风格更加鲜明。接下来，添加一些细节，例如木桶、雕纹石砖、石头按钮和门廊。

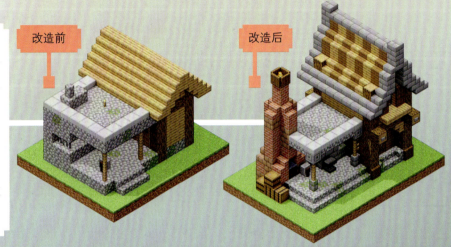

改造前

改造后

水井

把普通的村庄水井变成一口许愿井！首先，将井口扩大，再用石砖、石砖楼梯和苔石砖楼梯的组合环绕井口。然后，用橡木原木建造两根立柱，再用橡木楼梯、石砖楼梯和石砖在井口上方建造出尖顶。最后，在尖顶两边各放上一块去皮橡木原木和一个石头按钮。现在可以许愿了！

改造前

改造后

农场

想让你的庄稼不受侵扰？为什么不用一些创造性的方式保护你的农场呢？把边上的橡木原木换成圆石楼梯和苔石砖楼梯，然后在每个角上都安装一个堆肥桶。接下来，在外围加上橡木栅栏，再用橡木台阶和橡木栅栏做出方形拱门。最后，在橡木栅栏上摆上几盏灯笼。真可爱！

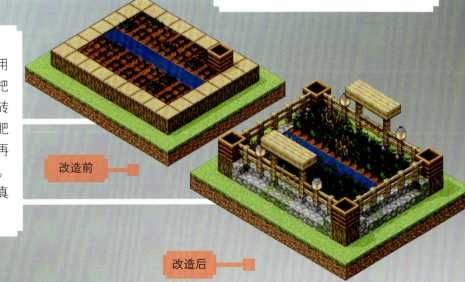

改造前

改造后

改造前

改造后

房屋

　　来给村民的房屋增添一些特色吧。首先，用云杉木楼梯和台阶重新装修屋顶，再在每个角的下方挂上一盏灯笼。接着，在门口加上一道门廊，再修建一根冒着蜘蛛网做成的烟雾的烟囱。如果你喜欢，还可以用石砖、苔石砖、木桶和一块被云杉木活板门环绕的草方块制作的花坛来装点一下。

改造前

改造后

灯柱

　　村庄中的照明虽然实用，但还有改进的余地。拆掉现有的灯柱，再用雕纹石砖、石砖墙、橡木栅栏，以及放在顶部的一块橡木木板方块重新制作。橡木木板方块的两侧各放置一块橡木台阶。在台阶下方悬挂上两个灯笼，就有了一个非常迷人的灯柱！

找词游戏

史蒂夫
的谜题

　　等等，那边丛林里的是陶瓦吗？为什么它会出现在那里？等一下，下面还有更多东西！在找词游戏中继续发掘，看看这个埋在地下的古迹废墟中还能找到哪些方块，把它们圈出来并填写在下面吧。

```
A M S C X D I R T X S G K C P
E B U H O N P E Y F N L X O A
S G S D M J G T I B X A F A I
T D P R B X O K R I E Z J R X
O K I F G R A V E L O E G S C
N L C S G S I R X L B D M E H
E C I L N A X C B Y C T F D R
B E O D C K S L K H M E X I A
R J U M H Z T I A S D R D R L
I B S T O N E G D T A R H T Y
C I G O E B P X F N R A G M S
K H R G A L H P O L X C Y N F
S P A C O B B L E S T O N E O
F C V J T E R R A C O T T A J
K M E I D X E A J X G T C Z T
B T L P O A R L B R S A N K E
```

找到的东西

- ☐ S _ _ _ _ _ _ _ _ _ G _ _ _ _ _
- ☐ T _ _ _ _ _ _ _ _ _ _
- ☐ M _ _ B _ _ _ _
- ☐ G _ _ _ _ _
- ☐ G _ _ _ _ _ T _ _ _ _ _ _ _ _
- ☐ S _ _ _ _
- ☐ S _ _ _ _ B _ _ _ _ _
- ☐ C _ _ _ _ _ _ _
- ☐ D _ _ _
- ☐ C _ _ _ _ _ _ D _ _ _

海报

15 YEARS

MINECRAFT

© 2024 Mojang AB. TM Microsoft Corp.

沿虚线剪下

数独游戏

史蒂夫
的谜题

哇，这个古迹废墟中有可疑的砂砾！我很想知道，如果我们用刷子刷一下，能找到什么呢？用你的"画笔刷"解开这个谜题吧，确保每种物品在每行、每列和每个小九宫格里都只出现一次。

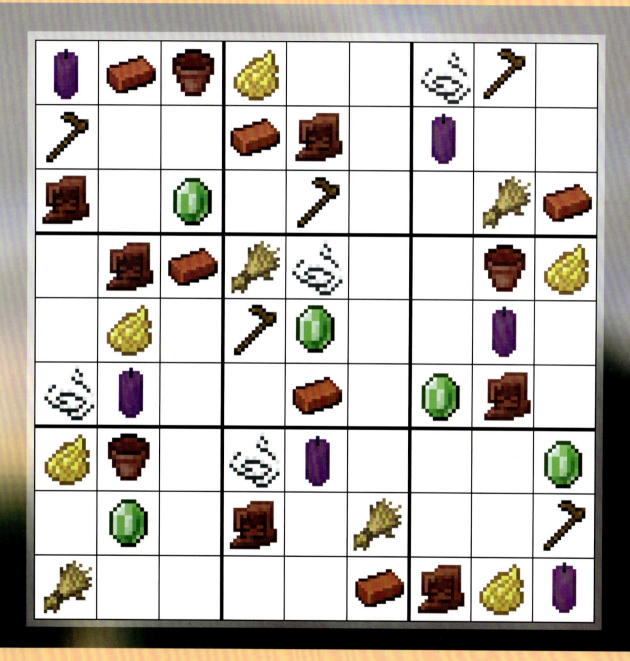

图例　如果你不想画出物品，可以使用这种物品对应的数字。

社区作品

努尔
带你看世界

　　《我的世界》的玩家社区是最大——也是最棒的——游戏社区之一，来自世界各地的人们都在社区分享他们的发现和作品。我们总能从大家的建筑中得到新的灵感，这里是一些2024年引起我们注意的建筑作品。在此之后，你打算建造些什么？

古怪风车
作者：SPARKLEEGG

　　"在建筑中，下界岩是一种很难使用的方块，但我发现它可以为红树木添彩。再加上樱花原木、云杉木和泥砖，就有了不错的色彩组合。"这可真是一座如画般的建筑，不是吗？我们真想住进去。在你的建筑中，你还可以用哪些方块构建出类似的外观呢？

魔咒图书馆
作者：AUDIIBEE

　　"我想找到一种可以简单地美化随机生成的洞穴的方法。我使用了许多书架和灯笼，来打造舒适的氛围。"我们喜欢这种十分富有想象力的建筑——谁能想到一个洞穴可以被改造成一座如此迷人的图书馆呢？这不禁让人好奇，洞穴是不是还有什么其他的用法！

古街

作者：CLAIRE1593

　　"我根据自己对每座建筑外观的需求，使用了多种方块。我的灵感来自奥地利维也纳的建筑。"这个作品确实让我们觉得身临其境！这些建筑很好地展示了用楼梯、墙、台阶和栅栏可以做出的令人惊叹的细节。接下来，你要在哪里进行建造呢？

蘑菇庄园

作者：KATZIL

　　"为了让我的世界更加具有乡村风格，我建造了这座建筑。我用蘑菇方块搭建了屋顶，然后用云杉木做了横梁，二者相得益彰。再用深色橡木点缀，就有了完美的色彩组合。"我们很喜欢这个作品的暖色调，以及那些可爱的小细节——这些悬挂着的花盆多么惹人喜爱啊！为何不试试在下一座建筑中也用上蘑菇方块呢？

公司总部

作者：BRINGMESOUP

　　"我想建造我未来的办公楼，将来我会在那里和朋友们一起创作新内容。因此，这座建筑对我来说意义重大——有一天你会在这里见到我！这座建筑使用了许多中性色彩，我花了约一个小时来建造它。"《我的世界》中的建筑也许有一天会被搬进现实，难道这不令人难以置信吗？我们喜欢这座建筑既现代又时尚的设计——真是巧妙！

如何在村庄袭击中生存

埃菲
的专业引导

村庄袭击听起来可怕至极，事实也确实如此！但无论你是希望迎接挑战，还是不小心触发了它，知道在袭击到来时该怎么做，以及如何击退它，确实是十分宝贵的知识。让我们一探究竟吧！

什么是村庄袭击？

村庄袭击是由玩家触发的事件，在袭击中，成群的灾厄村民会袭击一座村庄，试图打倒所有的村民——还有你。如果所有的村民都被打倒了，袭击就会以你的失败告终。

它是如何被触发的？

如果你打倒了一位掠夺者队长，就会获得凶兆效果。如果你带着这个效果进入村庄，就会触发一场村庄袭击。

会发生什么？

在你踏入村庄的那一刻，一群愤怒的掠夺者便会出现，为它们的队长报仇。一个进度条会出现在屏幕上方，它代表了当前波次中还要打倒的生物数量。村庄袭击由多个波次组成，随着每个波次的难度逐渐提升，更加难以对付的生物也会加入战斗，比如女巫、唤魔者、卫道士和劫掠兽。

要抵御多少个波次?

你需要击退的波次数量由当前的难度模式决定:

和平 = 0   简单 = 3

普通 = 5   困难 = 7

是否可以避免村庄袭击发生?

其实可以!如果你击败了一位掠夺者队长,却又不想触发村庄袭击,那么只需要在进入村庄前喝下一些牛奶。

为什么要挑战它?

当然是为了奖励了!如果你在一场村庄袭击中存活了下来,就会得到来自村民的丰厚回报,也就是"村庄英雄"状态效果。这会让你在和村民交易时获得折扣。希望你备足了绿宝石!不仅如此,他们还会为你燃放烟花,并纷纷为你送上礼物表达谢意。你真幸运,他们一定还不知道这次村庄袭击是因你而起。嘘,如果你不说,我们也不会告诉他们的!

最好的奖励是什么?

每次在村庄袭击时击败一名唤魔者,它都会掉落一个不死图腾。当你把它拿在手上时,这个奇妙的物品能让你起死回生!

如何做好准备?

要想真正取得胜利,就尽可能多地在物品栏里放满下列物品。

- 坚固的盔甲,包括一面盾牌,以及备用的盔甲
- 备用的方块
- 弓和大量箭
- 一把锋利的剑——或者两把
- 一张床
- 船
- 铁锭
- 铁块

- 南瓜
- 烟花火箭
- 食物——你没有多少时间吃东西,因此要带上营养价值较高的食物,例如熟猪排和金胡萝卜
- 再生药水
- 大量绿宝石,供之后使用

如何赢得这场战斗？

保护你的村民们。通过敲钟的方式让他们回到室内，然后用背包里的方块堵上门，让他们待在里面。这可以使他们免受敌对生物的攻击。

组建军团

用铁块和南瓜制作尽可能多的铁傀儡。它们会帮你保卫村庄。

使用爆炸性武器

如果你想同时击中多个生物，那么烟花火箭可能就是最好的选择！只要确保自己别靠得太近就好，以免被波及。

治疗铁傀儡

如果你发现铁傀儡身上开始出现裂纹，那么使用铁锭可以将它们的生命值恢复到满值。

把卫道士用船困住

有卫道士朝你冲过来了。在它面前丢出一艘船，它就会被困在那里，无法攻击你，这样你就能毫无顾虑地打倒它了。

一场村庄袭击不会很快结束——在袭击期间夜幕很有可能会降临。如果你不想和灾厄村民以及那些夜晚会出现的敌对生物同时战斗，就最好去寻找一个离敌对生物们足够远的安全之地睡上一觉。或者至少将重生点设置在村庄中，这样在你被打败后，就不会被送到很远的地方。

加入战斗

举起你的剑或斧，奔赴战场吧——如果你有勇气的话。如果你的动作足够快，就可以在掠夺者们拉满弩弦之前先攻击它们几次。

生物知识测试

你觉得自己是生物专家吗？好吧，也许你可以分得清僵尸和溺尸、流浪者和骷髅。但你知道每种生物都会掉落什么吗？来测试一下你的知识水平吧！请把下面的生物和它们有概率掉落的物品配对。

史蒂夫
的谜题

恶魂

烈焰人

溺尸

凋灵骷髅

A　海草

B　虞美人

C　玻璃瓶

D　三叉戟

煤炭　E

岩浆膏　F

不死图腾　G

恶魂之泪　H

幽匿催发体　I

烈焰棒　J

唤魔者

监守者

海龟

岩浆怪

铁傀儡

女巫

答案见第62页

答案

第10~11页

第18~19页

第50页

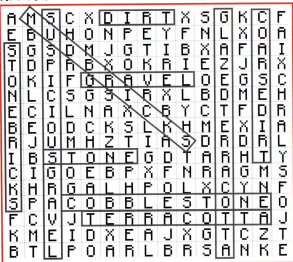

SUSPICIOUS GRAVEL

TERRACOTTA

MUD BRICKS

GRAVEL

GLAZED TERRACOTTA

STONE

STONE BRICKS

COBBLESTONE

DIRT

COARSE DIRT

第53页

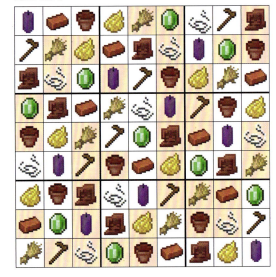

第60~61页

恶魂 – H 恶魂之泪

烈焰人 – J 烈焰棒

溺尸 – D 三叉戟

凋灵骷髅 – E 煤炭

唤魔者 – G 不死图腾

监守者 – I 幽匿催发体

海龟 – A 海草

岩浆怪 – F 岩浆膏

女巫 – C 玻璃瓶

铁傀儡 – B 虞美人

再会

哇，这真是精彩的一年——我已经迫不及待地想迎接新的一年了！我们很快就会再见，并与你分享更多我们正在进行的令人兴奋的工作。非常感谢你的参与！

杰伊·卡斯泰洛
魔赞工作室

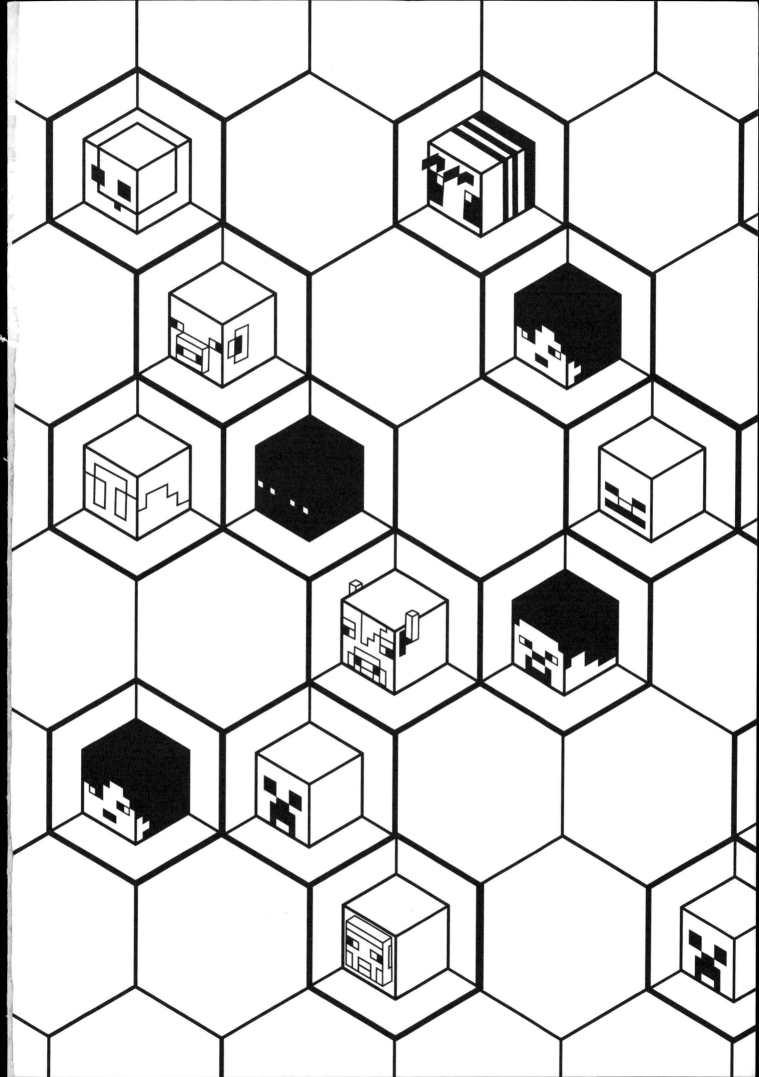

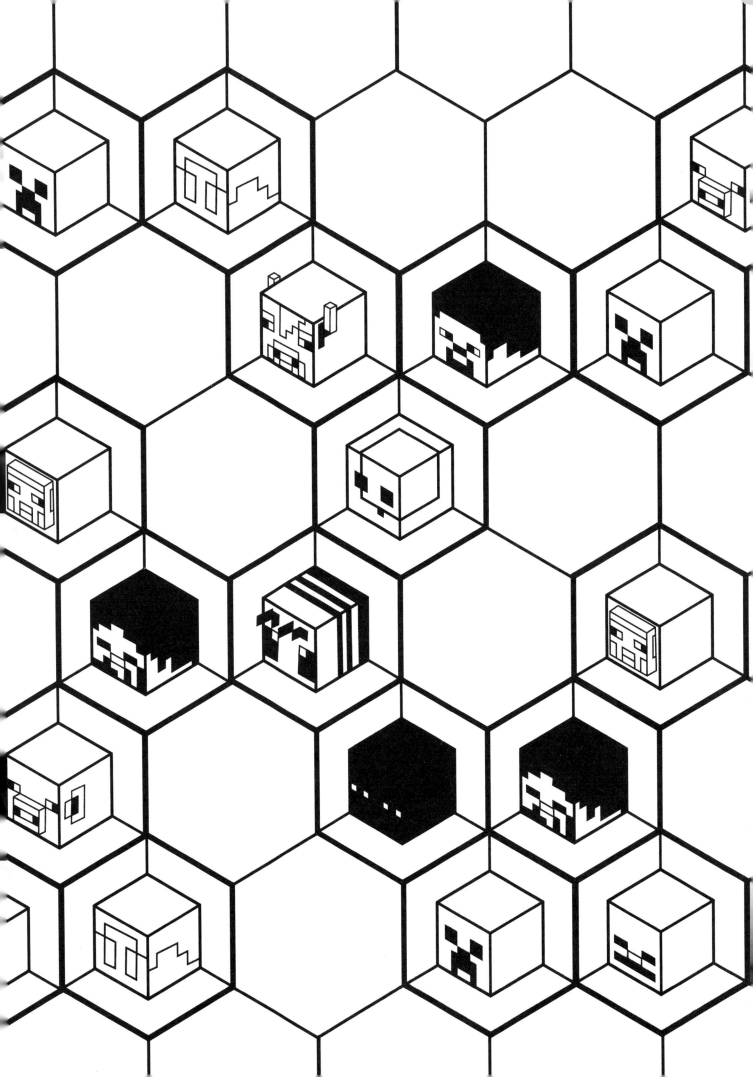